El ABC inmobiliario

Lo que no puedes no saber

Por Iván Cervera López

Para tí y todo aquel que tenga la
intención de cultivar el saber...

El ABC de la asesoría inmobiliaria
© 2023 Iván Cervera López
EL ABC DE LA ASESORÍA INMOBILIARIA. 2023. PRIMERA EDICIÓN.
PUBLICADO POR IVÁN CERVERA
Colaboradores:
Contenido por Iván Cervera López.
Dirección creativa y diseño editorial por
DG. Cinthya Escalante Alvarez.
Primera Edición.
Registro de los textos de la obra ante el INDAUTOR

Dedico este libro a Emi, mi amor por ti es infinito princesa; y a mi familia, la motivación para siempre buscar ser mejor.

Al gremio de profesionales inmobiliarios, pero a los verdaderos PROFESIONALES que siempre buscan mejorar, escribo el libro como muestra de la cultura colaborativa que nos caracteriza y como un esfuerzo de aportar un granito de arena a la concientización del deber ser inmobiliario. Tenemos en nuestras manos el futuro económico de nuestrxs clientes, por lo tanto, la oportunidad de impactar transformadoramente sus vidas.

A mis colegas-amigxs, que no menciono porque afortunadamente son muchxs, pero cada uno de ustedes lo sepa o no impacta positivamente en mí. Espero cada uno de ustedes sepa como impacta positivamente en mí.

Y en general se lo dedico a la gente que quiera tomar su futuro en sus manos, y buscar ser mejor, que la disciplina esté siempre presente y nunca sea demasiado largo el tiempo para lograr el objetivo.

CONTENIDO

PRÓLOGO 1

DE LA NORMATIVA A LA INNOVACIÓN 5

PRIMERA PARTE "EL ENLISTADO" 8

EN BÚSQUEDA DE LA EXCLUSIVA........................... 9
Beneficios de la exclusiva para ti como
comercializador 11
Beneficios de la exclusiva para los propietarios: .. 14

EL MEJOR PRECIO DE LA PROPIEDAD.................. 18
1. El Enfoque de Mercado................................... 20
2. El Enfoque de Costos o Físico......................... 21
3. Enfoque de Capitalización de Rentas 25

ASESORÍA FISCAL 32
Impuestos 33
Consideraciones importantes 37

ASESORÍA LEGAL 41
La importancia de tener todos los papeles en
orden: 42
Documentación 43
Documentación de la Propiedad....................... 44
Documentación del propietario......................... 45

SEGUNDA PARTE: "LA VENTA" 48

LA VENTA... 49
El momento de brillar: la estrategia comercial 50
Conoce la propiedad a la perfección................... 51
¿A quién podría interesarle la propiedad? 53
Promoción.. 54
Red inmobiliaria.. 56

COMUNICAR Y PROSPECTAR PARA COMERCIALIZAR:..........................58
Prospectar..60
1. Contactos en frío.......................................60
2. Referencias..61
3. Conocidos y familiares............................62
4. Clientes...63
5. Comunicar...63

CREATIVIDAD E INNOVACIÓN 69
Calidad de la información..............................70
Visita de las propiedades 71
Retroalimentación final.................................74
¡BONUS!...78
La negociación..80

CIERRE DE VENTA 83
Recomendaciones para el cierre de ventas........84
La firma..87
La entrega 90
¿Qué pasa después de una venta? 93

CONCLUSIONES *96*

AGRADECIMIENTOS *99*

Iván Cervera López

PRÓLOGO

Este libro tiene la intención de aportar al conocimiento de la comunidad inmobiliaria. Se trata de una propuesta para guiar a las personas que quieren dedicarse a esta maravillosa profesión, y que puedan hacerlo a través de consejos prácticos y teóricos que reduzcan la curva de aprendizaje para quienes recién se integran al oficio.

Mi nombre es Iván Cervera López, soy director de Mayakin Experiencias Inmobiliarias, un ecosistema que tiene dos esquemas de negocio: Por un lado, Mayakin Asesoría Inmobiliaria donde prestamos un servicio de venta inmobiliaria a través de una asesoría experta y personalizada a las necesidades de nuestr@s clientes; y Mayakin Master Bróker, un servicio de dirección comercial que tiene como valor agregado el "blindaje comercial" y la "eficiencia financiera" para el proyecto además de la ejecución de estrategias de venta para garantizar los resultados de los desarrolladores que confían en nosotros.

En los últimos 15 años, me he dedicado a la comercialización de propiedades con clientes compradores, analizando el sector y perfeccionando estrategias para lograr un servicio eficiente, profesional y humano, personalizado desde una perspectiva muy humana pero también muy enfocada a la productividad. He sido testigo del cambio radical y el crecimiento exponencial del sector inmobiliario de Yucatán, un estado al sureste de México que, por su seguridad, bellezas naturales, gastronomía, cultura, servicios educativos y de salud, entre otras cosas se volvió un lugar muy deseable primero para vivir y luego para invertir. Todo esto ha provocado un descontrol en la oferta de productos y servicios inmobiliarios, mucha oferta, mucha competencia, y muy poca regulación.

Todos los días, desde hace por lo menos cinco años, pareciera que surgen nuevos vendedores y vendedoras que, buscando una fuente de ingresos, escogen vender propiedades; y aunque a mayor competencia, mejor calidad en los servicios debería de haber, con la falta de regulación sucede casi al revés, muchas veces se tienen consecuencias negativas sobre todo para los clientes y usuarios de servicios inmobiliarios, pues se exponen a trabajar con alguien que no tiene ni los conocimientos ni las habilidades para ayudarles, ya que la asesoría comercial inmobiliaria requiere entender sobre muchos temas, algunos bastante complejos.

Una guía práctica que aborde la experiencia acumulada en estos años de trabajo es una manera de devolver los aprendizajes y herramientas que me han permitido lograr los objetivos trazados. La capacitación es la mejor estrategia para estar actualizado dentro de un sector en constante cambio.

Aunado a esto, en algún punto de mi carrera entendí la importancia de retroalimentar cada una de mis experiencias para evitar cometer el mismo error dos veces y sacar el mayor provecho de las situaciones que no resultaron como yo quería o esperaba.

Además de mi experiencia como Asesor Inmobiliario, soy miembro de la Asociación Mexicana de Profesionales Inmobiliarios (AMPI) desde el 2012; llevo 8 años participando activamente dentro de la directiva de la asociación y actualmente asumo el cargo de Vicepresidente Ejecutivo de AMPI Mérida, lo que me ha permitido conocer colegas súper profesionales y comprometidos con la profesionalización del gremio inmobiliario, de los cuales he aprendido muchas cosas.

Dentro de AMPI también he trabajado para la capacitación del gremio; además desde hace unos años he sido evaluador del proceso de certificación EC01101.01 hoy por hoy ya actualizado a EC01101.02

Para la comercialización de Bienes Inmuebles. Esta experiencia me ha permitido profundizar sobre la serie de aptitudes necesarias para tener la certificación de las competencias laborales a través del organismo CONOCER de la Secretaría de Educación Pública, así como la práctica del día a día.

Entonces este libro no se limita solo a mi experiencia personal como agente inmobiliario, sino que está lleno del aprendizaje de otras personas, tanto de nuestros errores como de nuestros aciertos. Ambos elementos fundamentales de lección para alcanzar el éxito y obtener los mejores resultados.

Al final de todo esto, he buscado plasmar en esta guía el cómo brindar un mejor servicio de asesoría para comercialización de propiedades en un lenguaje claro y con instrucciones, estrategias y recomendaciones prácticas altamente eficientes, como ofrecí al inicio de este texto.

Es justo aclarar que yo no soy el creador del fundamento de estas ideas. Muchas vienen del estándar que brinda CONOCER, y de experiencias compartidas con otr@s colegas. Yo sólo acomodé estas ideas y busqué poner un valor agregado con base en mi experiencia, para que sean de utilidad para todas las personas que deseen desempeñarse como profesionales del sector inmobiliario.

DE LA NORMATIVA
A LA INNOVACIÓN

Como profesionales inmobiliarios y prestadores de servicios en general, lo primero es comprender y contar con procesos, ya sea jugando un rol como Asesor Inmobiliario Independiente o uno mucho más complejo como director de una empresa. Tener procesos claros te permite brindar un servicio de calidad y métricas para detectar qué es lo que falla y qué puede mejorar.

Desde mi punto de vista, el Estándar de CONOCER EC0101.02 es justo eso: **un estándar**, es decir proceso básico o mínimo deseable al prestar el servicio de asesoría para la comercialización de bienes inmuebles. Este proceso fue creado por un grupo de expertos en la materia a nivel nacional y se ha ido actualizando con el paso del tiempo.

Mi propuesta se basa en el estándar de CONOCER y en el propio proceso de Mayakin alimentado con mis experiencias personales. Comparto esta combinación, cuyos resultados son siempre positivos, entre las recomendaciones de la competencia estándar, lo que aplicamos en esta empresa dedicada a la asesoría y comercialización inmobiliaria y lo que personalmente me ha funcionado.

La filosofía de Mayakin y la propia es que todos los procesos son perfectibles y actualizables. Así que invito a que, si el proceso que les propongo les parece adecuado, lo implementen y retroalimenten cada vez que el resultado no sea el esperado. O bien, cuando su instinto inmobiliario les diga que es necesario; así como busquen mantenerse siempre actualizados y buscando aplicar mejoras para que su negocio siempre crea.

No hay recetas mágicas. Los procesos son guías que, si se aplican, dan un resultado positivo. Sin embargo, es importante hacerlos nuestros y personalizarlos para que los resultados sean exponencialmente buenos. Si partimos de una base firme, la propia experiencia y casos de éxito ayudarán a definir el proceso propio de acuerdo con el perfil de cada persona.

Habiendo aclarado lo anterior, consideremos que el proceso de comercialización de bienes inmuebles tiene dos grandes divisiones:

1.- El enlistado, que es el proceso de obtener un contrato de exclusiva sobre una propiedad para venderla.

2.-La comercialización o venta, que es el proceso de encontrar a la persona adecuada y darle el servicio adecuado para que adquiera la propiedad en los mejores términos.

Así que profundizaremos en cada uno de ellos para tener una idea clara sobre cómo planear y ejecutar ambos procesos, con sus múltiples estrategias.

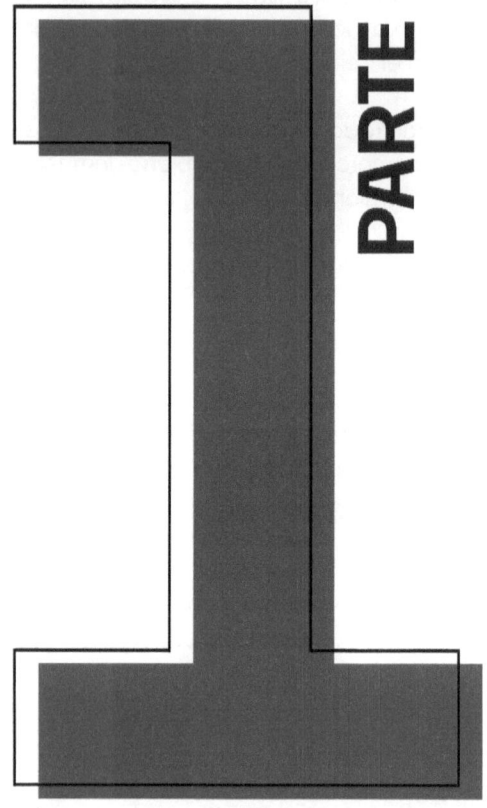

PARTE 1

"EL ENLISTADO"

En la búsqueda de
LA EXCLUSIVA

El proceso de Enlistado que describíamos anteriormente tiene también dos versiones (bienvenido al complejo mundo inmobiliario, aquí todo tiene múltiples posibilidades). Una de ellas es el contrato de "opción" que te autoriza a vender la propiedad y establece las condiciones para que esto se dé, pero no hace más que eso: autorizarte para ser una de las personas que puedan vender ese inmueble, lo cual genera un riesgo para ti, tu tiempo, tus inversiones en publicidad y demás herramientas para vender la propiedad.

Si estás leyendo esto, te dedicas actualmente a la venta de propiedades y no inviertes en cada una de ellas para que se vendan, es fundamental que lo termines de leer, porque profundizaremos en la importancia de tener un plan de comercialización personalizado e invertir en tus enlistados o listings.

En mi experiencia el contrato de opción no debería de utilizarse más que en casos excepcionales, donde por muy poco tiempo vas a promover la propiedad en cuestión. Normalmente con clientes específicos porque es la opción más adecuada para ellos y tu relación con la propietaria o el propietario es limitada.

La única forma en que tiene sentido adquirir la responsabilidad de promover una casa para lograr el objetivo de venderla es con un contrato de EXCLUSIVA (estaré usando en mayúsculas la palabra EXCLUSIVA para sellar esto en tu conocimiento).

También considero que sería lo mejor para el mercado inmobiliario en términos de **EFICIENCIA (otro enfoque en el que hago énfasis)** y a continuación explicaré por qué. No sin antes aclarar que esto de la EXCLUSIVA no es una idea de Iván, es como realmente funcionan los importantes del mundo como Estados Unidos y Europa.

Ahora que haces conciencia de la importancia de la EXCLUSIVA, lo que debes saber es que **si no te dan la exclusiva no vas a querer perder tu tiempo.**

literal

Beneficios de la exclusiva para ti como comercializador

1. Verdadero compromiso por vender la propiedad, ya que, si no la vendes pierdes el dinero invertido, además del costo de oportunidad de tu comisión. Esta presión hará que hagas ese esfuerzo extra, necesario para tener los resultados que buscas. Por lo que, además, la EXCLUSIVA es un tema de sustentabilidad para tu negocio.

....

2. Certeza de recibir un retorno sobre lo invertido si cumples con tu objetivo y haces un trabajo profesional. He conocido a muchas personas que han tenido carreras fugaces en el sector inmobiliario porque tuvieron un golpe de suerte, se toparon con un cliente y con la propiedad, y por esa casualidad se llevaron una jugosa comisión. Lo planteo así no por demeritar el esfuerzo que hacen estas personas para llevar dicha casualidad a buen puerto, sino porque realmente no hacen mayor esfuerzo para vender la propiedad más que poner una lona y tomar fotos con su celular para enviarlas por WhatsApp. Más adelante profundizaremos también en lo que es un trabajo profesional para obtener la exclusiva.

....

3. Involucrarte lo suficiente en la propiedad como resultado de todo el trabajo previo, lo cual hace que sea mucho más probable que la vendas ya que la conocerás y entenderás como nadie. Esto sumado a tus conocimientos de ventas y al enfoque de servicio harán una mezcla súper ganadora para tu negocio.

....

4. Enfocar tus esfuerzos de publicidad, y en general de comercialización, solo en propiedades que creas que valgan la pena como para hacer el trabajo necesario que te dará la exclusiva.

....

5. Compartir con tus colegas información precisa de la propiedad al conocerla bien. Darás certeza en cuanto a la documentación y estatus legal de la propiedad al tener esta información, ayudarás a tener negociaciones más fluidas y podrás garantizar también la cobranza de la comisión una vez cumplido el objetivo. Tus colegas estarán felices de trabajar contigo, te buscarán más frecuentemente e incluso te llegarán a recomendar.

....

Estos 5 puntos tienen en común que, sin fallo, hacen que tu negocio sea más sustentable, ya que traen efectos secundarios o colaterales positivos como resultado de trabajar con Exclusivas.

Sin embargo, aunque para mí como asesor inmobiliario esto ya trae los beneficios expuestos, me parece que las ganadoras y ganadores de la EXCLUSIVA son las propietarias.

Beneficios de la exclusiva para los propietarios

1. Tienes un verdadero compromiso por parte de un profesional inmobiliario, especialista en hacer justo lo que tú necesitas: Vender tu propiedad. Si no la vende no cobra, así de sencillo. De hecho, perderá el dinero que ya habrá invertido en publicidad y demás herramientas de venta como parte de sus compromisos para conseguirlo.

2. Sólo tienes que tratar con una persona y tú la escoges. Me parece que hoy en día, más que nunca, la oferta de servicios de intermediación inmobiliaria es excesiva. Al no tener una regulación clara sobre esta actividad tan importante para el crecimiento económico, para proteger y fomentar el patrimonio de sus usuarios, es muy probable que te topes con un asesor que tenga pocas capacidades y esto haga que tu patrimonio esté en riesgo o incluso tu seguridad, al darle entrada a cualquier persona para vender tu propiedad. El profesional al que contrates debería tener la capacidad de representarte profesionalmente ante sus colegas y posibles clientes.

3. Una buena asesoría podría tener como resultado beneficios económicos considerables: ahorro de impuestos, precio adecuado, negociación, etc. Lo cual compensa sin problema la comisión de venta, que suele ser mal entendida como un gasto innecesario.

4. Tienes en tu equipo un generador de información que trabaja para ti, resolviendo tus dudas y brindándote los datos necesarios para tomar las mejores decisiones sobre tu propiedad.

5. Tendrás certeza sobre el precio de venta al cual se está ofreciendo tu propiedad. Un documento que respalde eso se te debería entregar en formato de avalúo u opinión de valor, dependiendo de quién la realice. Pero profundizaremos sobre eso en los próximos párrafos ya que, a mí parecer, es una de las herramientas más importantes para hacer bien el trabajo de asesoría de comercialización de inmuebles.

6. Tienes derecho a una asesoría legal para tener los documentos en regla y así poder vender tu propiedad, así como un plan claro de lo que deberá hacerse en cada paso del proceso con respecto a los trámites legales. Si el asesor no tiene la capacidad de hacerlo, de entrada, no es un asesor sino un comercializador. Por otro lado, tendría que contratar a un abogado para que lo ayude a que tú recibas la asesoría.

7. Tendrás asesoría fiscal que te permitirá saber qué impuestos te corresponde pagar como propietario, cuánto de la venta representa este posible pago. Y por último, pero más importante que los puntos anteriores, saber que si vas a vender tu casa habitación, la ley te da derecho a que cada 3 años puedas exentar el pago del ISR (Impuesto sobre la renta).

8. Podrás tener una estrategia de comercialización personalizada, lo cual hará mucho más eficiente el proceso y no debería de representar ningún tipo de inversión para ti (pensemos que se incluye en la comisión).

Como podrás ver, son más los beneficios para el propietario que para el asesor, pero una de las cosas que me enamoran más de este negocio es que los beneficios para otr@s, muchas veces, son beneficios para ti. Se vuelve ganar-ganar y la EXCLUSIVA es un ejemplo claro de esto.

El mejor
precio de
la propiedad

"Si está en el precio adecuado, TODO se vende"

Por eso, tener una opinión de valor es fundamental.

La opinión de valor es el proceso mediante el cual se establece el precio de salida más adecuado para la propiedad, haciendo un análisis de tres enfoques diferentes de valoración:

1. El Enfoque de Mercado

Nos dice cuánto vale la propiedad con base en el precio de venta que tienen otras casas de características similares, en la misma zona o en una zona parecida.

Hay algunas reglas que puedes considerar, la más importante para mí es tratar de que no haya más de un más o menos 10-15% de diferencia en el terreno o m2 de construcción.

Prácticamente se saca un promedio del precio por m2 de construcción de las 3-5 mejores opciones a cuya información de venta y características puedas tener acceso. Seguramente usarás algún portal o sistema administrativo inmobiliario para observar los inventarios propios y de tus colegas. La idea es que puedas multiplicar ese promedio por los m² de la casa que estás buscando.

2. El Enfoque de Costos o Físico

Dice cuánto vale la propiedad con base en las características de terreno y construcción, y su estado de conservación. Para establecer el precio del terreno puedes hacer un ejercicio de enfoque de mercado, pero comparando terrenos que estén en venta dentro de la zona y con características similares. Multiplicas el precio promedio por m2 de esos terrenos que encontraste para comparar, y multiplícalo por los m2 de la propiedad que quieres exclusivar. Además de hacer la investigación, siempre puedes consultar con un colega más experto en la zona para saber en cuánto se están cerrando las operaciones (vendiendo los terrenos) y así tener un dato más exacto.

$$X= \frac{Precio\ promedio\ de\ terreno\ por\ m^2}{m2\ de\ la\ propiedad}$$

Luego necesitamos establecer el precio promedio por m2 de construcción, para esto tenemos varias opciones.

Abordaré tres de estas que me parecen las más prácticas y certeras:

1.- Basarte en las tablas que periódicamente publican las asociaciones civiles o colegios especializados en la construcción. por ejemplo, la CMIC, CANADEVI o IMIC[1].

....

_____

[1] _https://www.imic.com.mx/parametricos_on_line.php_

2.- Contratar una app o reporte que te dé la información específica que buscas. Prismacost y Softec son de las más conocidas y usadas.

....

3.- La asesoría de algún constructor formal, profesional y con experiencia. Seguro tendrás alguno entre tus conocidos o clientes. Ellos te podrán dar una referencia de cuánto sería el precio por m2 de construcción según las características.

Existen diferentes tipos de construcción de acuerdo con su calidad, por lo que es necesario analizar a detalle las características de construcción que tiene la propiedad. Existen paramétricos (referencias promedio a nivel nacional) por tipos de producto: **Interés Social, Interés Medio, Residencial-Semi lujo, Lujo, etc.**

Precio promedio por m² de acuerdo al tipo de construcción en el proceso de valuación.

1 https://www.imic.com.mx/parametricos_on_line.php

Ahora bien, ya tienes el paramétrico que vas a utilizar de acuerdo con el tipo de construcción que tiene la propiedad que estás analizando. A este precio promedio por m2, en el proceso de valuación, se le llama "Valor de reposición a nuevo". El valor que estás considerando es para cuando la construcción sea nueva. En el caso contrario tendrás que calcular el porcentaje de depreciación que tiene, y que habrá que aplicar para llegar al "Valor Neto de Reposición". Para esto lo más fácil es usar la tabla de Ross-Heidecke, que cruza los años de vida útil transcurridos; es decir, los años que tiene de construida la propiedad, para después establecer el estado de conservación que tiene entre las opciones que la tabla te da y sus intervalos. Para tener la tabla basta con que pongas en cualquier buscador de internet Tabla de Ross-Heidecke para que te aparezca es una herramienta muy común y fácil de acceder y utilizar.

Ejemplo: La casa tiene 10 años de construida y está en un estado de conservación regular, el porcentaje de depreciación a utilizar es 7.88%, de acuerdo con el análisis de la tabla. Una vez que tienes el costo paramétrico ($10,000 por poner un ejemplo) y el porcentaje de depreciación (7.88% o lo que equivale a .0788), multiplicas ambos para aplicar la depreciación al Valor de Reposición a Nuevo y tendrás el Valor neto de Reposición, que en este ejemplo sería de $9,212 m2; representando el costo por m2 más adecuado para la propiedad analizada.

$$\text{Valor neto de reposición:} \quad \frac{(Costo\ paramétrico)(\%\ de\ depreciación)}{Costo\ paramétrico}$$

Para tener el resultado del enfoque físico, sólo multiplícalo por los m2 de construcción de la propiedad y listo: tendrás el costo de la construcción.

$$X \quad \frac{\text{Valor neto de reposición}}{m^2 \text{ de la propiedad}}$$

Ahora sólo tienes que sumarle el costo del terreno para tener el valor de la propiedad (Terreno + Construcción / A+B).

Hay que considerar que en una casa muchas veces hay diferentes tipos de construcción y podríamos hacer un análisis mucho más profundo, detallado y, por ende, certero si analizamos cada tipo de construcción y sus parámetros para establecer el costo de la construcción antes de sumarle el terreno.

Ejemplo:
Construcción de block y bovedilla, techos de lámina, techos de madera, muros de Tablaroca, etc. Cada tipo de construcción tendrá su propio cálculo para que luego hagas la sumatoria de todos los elementos y obtengas el resultado.

3. Enfoque de Capitalización de Rentas

Este nos dice cuánto vale la propiedad con base en los ingresos (rentas) que se pueden obtener por ella.

Todas las propiedades son utilizables y es muy probable que alguien esté interesado en utilizar esa propiedad, pagando una cantidad de dinero para cumplir ese objetivo. Esos ingresos, de alguna manera, le dan un valor a la propiedad.

Ya sea que se analice como costo de oportunidad o a partir del atractivo que tiene la propiedad como un "negocio" que genera ingresos. Con base en eso se establecerá un valor que se debe analizar a la hora de salir a la venta.

El proceso es el siguiente:

1. Primero necesitamos calcular un valor, un precio promedio por m2 de construcción, pero en RENTA. La mejor forma de hacerlo es, nuevamente, con un análisis del mercado donde compares propiedades similares en características y zona, y que estén en renta.

$$\textit{Precio por m}^2 \textit{ en renta} = \frac{\textit{Precio de renta}}{\textit{m}^2 \textit{ de construcción}}$$

2. Divides la renta mensual entre el número de m2 de construcción para obtener un precio por m2 de renta, luego sumas las comparables, divides para obtener el promedio y listo.

$$\textit{Precio promerio por m}^2 \textit{ en renta} = \frac{\text{🏠} + \text{🏠} + \text{🏠}}{3 \textit{ (# de propiedades comparables)}}$$

Después tienes que considerar las "deducciones", que son todos los gastos a los que anualmente se enfrentará el propietario.

Los más importantes son:

A. Los meses de vacío (el tiempo que NO está rentada la propiedad y que no recibes ingresos)

....

B. La comisión al asesor inmobiliario que consiga al cliente para que ocupe la propiedad

....

C. El mantenimiento que hay que dar a la propiedad cuando un inquilino sale

....

D. El impuesto predial que la propiedad debe pagar, entre otros.

....

Estas deducciones se consideran, normalmente, en un porcentaje aproximado de 25%-28%, pero depende mucho de los meses de vacío. A la renta promedio por m2 le aplicas este porcentaje de deducciones y obtienes el promedio de renta efectiva.

Renta efectiva= (Precio promedio por m²)(% deducciones)

Es decir, la renta (ingresos) menos las deducciones (gastos).

Renta efectiva = ingresos - gastos

Por lo tanto, la renta efectiva es la UTILIDAD que queda después de rentar tu propiedad.

Renta efectiva mensual = (Renta Efectiva)(m² de construcción)

Esta renta efectiva la multiplicas por los m2 de construcción de la casa y obtienes la renta efectiva mensual, luego la multiplicas por 12 para obtener la renta efectiva anual (utilidad anual que la propiedad te dará) y es ahora cuando el proceso se pone interesante.

Renta efectiva anual = (Renta efectiva mensual) x 12

Alguna vez seguramente has escuchado de la tasa de **capitalización (Cap Rate)** este término hace referencia a la rentabilidad de una propiedad con base en sus ingresos generados.

Dividiendo los ingresos menos los gastos de operación entre el monto invertido para obtener esa utilidad. Siendo la utilidad la renta efectiva anual, y el monto invertido para obtenerla, el precio pagado por la casa, para obtener la renta, que para efectos del enfoque de capitalización de renta es lo que queremos saber. Por lo tanto, necesitamos calcular la tasa de capitalización para despejar la fórmula y llegar al precio de venta adecuado a pagar por la propiedad considerando las rentas que se obtienen de ella.

Si Tasa de capitalización:

$$\text{Tasa de captilización} = \frac{\$ \text{ Utilidad}}{\$ \text{ Inversión}} \quad \text{o} \quad \text{Tasa de captilización} = \frac{\$ \text{ Utilidad}}{\text{Rentas efectivas}}$$

Podemos establecer que por despeje de la fórmula; el $ de la propiedad = Utilidad / Tasa de capitalización;

$$\$ \text{ de la propiedad} = \frac{\$ \text{ Utilidad}}{\text{Tasa de capitalización}}$$

Espero que hasta aquí me haya explicado bien y me estén siguiendo. Ahora, como cálculo la tasa de capitalización, para mí hay dos opciones válidas que son muy prácticas:

La primera es mucho más formal y sustentada y sería:

$$\text{Tasa de capitalización} = \frac{\textit{Renta efectiva anual}}{\textit{Precio promedio por } m^2 \textit{ de venta}}$$

Dividiendo el precio promedio por m2 de renta x 12 (para que sea anual); este dato lo puedes obtener de la comparativa que hiciste pero usando los datos antes de aplicarle el factor de conservación o ajuste para que sea el dato real de la zona, todavía no homologado o personalizado a la propiedad; y lo vas a dividir entre el precio promedio por m2 de Venta, este dato igual lo podrás tomar del Enfoque de análisis de mercado, pero al igual que el de renta, el dato que sirve es sin haberle aplicado el factor de conservación o ajuste para que represente lo que realmente sucede en el mercado.

De tal forma que:

$$\text{Tasa de capitalización} = \frac{\textit{\$ Promedio de renta x 12}}{\textit{Precio promedio de venta}}$$

$ promedio de Renta x 12/ $ Promedio de venta= Tasa de capitalización.

La segunda es de acuerdo con tu experiencia y un conocimiento real de cuánto dejan (Ingresos anuales / costo total de la propiedad) ese tipo de propiedades a sus propietarios. Es común que los asesores estén al tanto de los costos de renta y ganancia de las propiedades de los clientes. También aplica el consejo de preguntar a colegas con más experiencia.

Renta Efectiva Anual / Tasa de capitalización. Este enfoque es súper importante porque te permite entender la parte financiera del valor de la propiedad por lo tanto tener un análisis de manera muy integral del valor de las propiedades y, por ende, del negocio. Por ejemplo:

Promedio en rentas Misma zona característica similiares		*$50.00*
Deducciones Vacíos, comisión de renta, otros gastos.		*25%*
Renta efectiva (Promedio renta) - (deducciones)		*37.5 x m2*
Renta efectiva mensual (Renta efectiva) x (m² construcción)		*37.5 x 100 m2 Construcción$ = $3,750*
Renta efectiva anual (Renta efectiva mensual) x (12 meses)		*$3,750 x12 =$45,000*

$ Promedio rentas= $50
$ Promedio venta = $7,000 (Este dato lo puedes obtener realizando un enfoque de capitalización)

$$TC = \frac{(\text{\$}50)(12)}{\$7,000} = \frac{600}{7000} = \frac{0.85 \times 100}{} \; 8.5\%$$

OBTENIENDO EL PRECIO DE VENTA SEGÚN EL ENFOQUE DE RENTAS:

$$TC = \frac{(\text{Utilidad}) \begin{array}{c}\text{(Renta}\\\text{efectiva}\\\text{anual)}\end{array}}{\$ \text{ de venta}} \qquad \text{\$ de venta} = \frac{(\text{Utilidad}) \begin{array}{c}\text{(Renta}\\\text{efectiva anual)}\end{array}}{TC}$$

$$\frac{\$529,411.76}{\text{Precio de venta}} = \frac{\$45,000}{8.5\%}$$

Para obtener la utilidad de $45,000 tendría que invertir $529,411.76 a una Tasa de Capitalización del 8.5% o bien, si puedo obtener $45,000 de utilidad para rentar mi casa, la podría vender en 529,411.76 si el mercado tiene una tasa de capitalización de 8.5%.

La conclusión para llegar al resultado debe de venir de un análisis contextual de la propiedad y comercial por el mercado en el que se encuentre. Si es una propiedad con características comerciales (estar sobre avenida, esquina, o tiene una mayor deseabilidad para ser rentada, quizá el enfoque de capitalización de rentas sea el más adecuado. Si es una propiedad en un fraccionamiento donde las casas son muy similares en sus características quizá lo más adecuado o relevante sea el enfoque de mercado, y si es una propiedad con diseño o características únicas, quizá el enfoque físico sea el más relevante.

Existe en la teoría valuatoria la ley del máximo aprovechamiento (validar esto, poner link con explicación) que te invito a revisar; pero prácticamente se trata de que dependiendo de las características de las propiedades tienen una mejor forma de aprovecharse y en ese contexto se debe de analizar su valor para luego llegar al precio.

Asesoría fiscal

Impuestos

Aunque NO SIEMPRE tienes que pagar impuestos al vender una casa habitación; como toda operación en la que se intercambian bienes y se generan utilidades para alguien, SIEMPRE hay que tener en cuenta los IMPUESTOS que se generan de esa transacción y la mejor forma de tratarlos.

En el caso de la compra-venta de una propiedad pagas algunos derechos y patentes al firmar la escritura definitiva de compra venta. Así como un impuesto por la adquisición de bienes inmuebles o de traslado de dominio (se realiza legalmente ante el catastro municipal).

ISAI o ISABI: El impuesto por adquisición de bienes inmuebles o traslado de dominio.

Es importantísimo explicarle a nuestro cliente y representado que, si va a comprar una propiedad, tiene que considerar un porcentaje extra por este concepto. Al ser municipal te recomiendo que siempre te acerques a un notario de confianza para que te diga los porcentajes de tu municipio y así puedas asesorar correctamente y considere esa información desde el inicio del proceso.

El ISR y el cedular

Son los impuestos más importantes por el costo que representan (solo aplica en algunos estados del país). Ambos son responsabilidad del dueño de la propiedad a la hora de vender, bajo el supuesto de que casi siempre se tiene una utilidad cuando se concreta la venta. Esto es lo esencial de cada uno de los impuestos:

Impuesto Cedular

Es un impuesto estatal. Como ejemplo, en Yucatán es del 5 por ciento de la utilidad a la hora de vender una propiedad; pero cada estado establece el monto que cobra. Se puede exentar cada vez que vendes la casa donde vives y en caso de que se pague, se puede considerar como gasto a la hora de calcular la utilidad antes de pagar el ISR.

Impuesto sobre la Renta (utilidad) ISR:

El ISR se calcula sobre la utilidad obtenida en una operación económica, va desde un 1.9 por ciento hasta el 35 por ciento. Para la mayoría de las operaciones inmobiliarias, por lo menos en mi experiencia, termina estando entre el 28 y 35 por ciento. El tener que pagar la tercera parte de la utilidad de una operación inmobiliaria puede tener un impacto muy fuerte en las expectativas de quienes venden, por lo que es importantísimo que como asesores se lo podamos explicar.

El ISR se puede exentar cada 3 años, siempre que puedas comprobar que es tu casa habitación, para esto puedes usar alguno de los siguientes documentos:

1. INE:

Si el dueño de la casa tiene en su INE la dirección de la casa que va a vender, podría hacer uso de este derecho.

2. RECIBO DE CFE:

Si el dueño de la casa tiene el recibo de CFE de la casa a su nombre, y el recibo tiene sus datos fiscales, así como su cadena fiscal, como requiere una factura, este documento podría permitir que se aproveche el derecho de exención.

3. RECIBO DE TELMEX:

Si el dueño tiene un recibo de telefonía fija con Telmex (Sólo sirve cuando es de esta compañía, pues cuando se promulgó esta ley, sólo existía esta opción, y muchos notarios se apegan a que sea sólo Telmex); en este caso igual tendría que estar a nombre del propietario y tener sus datos fiscales.

4. UN ESTADO DE CUENTA BANCARIO.

A nombre del propietario y con la dirección de la casa que se va a vender. En este caso NO aplica para las tarjetas de crédito, sólo para las de débito, ahorro, etc.

5. ESTADO DE CUENTA DE TIENDA DEPARTAMENTAL

Un estado de cuenta de alguna tienda departamental con presencia importante a nivel nacional. Sin embargo, es la notaría quien se hace responsable solidario del pago de los impuestos. Entonces, si esta entidad no cobra los impuestos y la autoridad considera que sí debió de pagar, la notaría correría con los gastos. Así, es el notario quien decide cuáles documentos aceptar y cuáles no. La ley no es tan clara cuando habla de opciones de estados de cuenta de tiendas departamentales, por lo cual, los notarios aplican criterios distintos a la hora de aceptar la exención o no. Mi recomendación es asegurarse de tener alguna de las otras cuatro opciones.

CONSIDERACIONES
IMPORTANTES

$\longrightarrow$

1. También considera que solo puedes exentar propiedades con valor de hasta 700,000 UDIS (siempre revisar el valor de las UDIS); en caso de que la propiedad se venda por arriba de ese valor se paga el ISR por la diferencia, una vez más es importante que el notario te haga el cálculo por lo complejo que resulta tener la cantidad exacta, lo importante es que puedas asesorar a los y las clientes y siempre tengan un escenario claro para tomar la mejor decisión.

2. La última consideración que tienes que tener en cuenta es que solo puedes exentar 3 veces el tamaño de construcción con respecto del terreno en los casos en la que la superficie de terreno es muy amplia; es decir, si tienes una propiedad con 100 m2 de construcción y 1000 m2 de terreno, solo podrás exentar 300 m2 del terreno más la construcción, por lo tanto se generaría un impuesto sobre la utilidad obtenida por la venta de los 700 m2 adicionales que no entran por la regla aquí mencionada.

Les comparto algunas recomendaciones adicionales para el tratamiento de los impuestos:

Siempre considera que la información de la casa en la escritura y la cédula catastral tienen que coincidir. Una letra distinta del documento que se utilice para la exención de caso puede ser elemento suficiente para que la notaría no lo acepte.

En caso de alguna duda contacta a una persona experta en contabilidad con experiencia fiscal, un notario o de preferencia a un fiscalista especializado.

Siempre valida con los notarios el escenario de los impuestos qué es lo que se va a exentar del pago de impuestos en caso de ser viable para no llevarte sorpresas en la firma.

En el caso de que el propietario no pueda exentar, vale la pena analizar la opción de que done la propiedad a alguno de sus familiares en línea directa (Espos@, papás o hij@s) para que alguno de ellos aproveche el derecho de exención.

Aunque la donación tiene un costo igual, muchas veces termina siendo algo mucho más accesible que el monto de los impuestos.

Asesoría
Legal

LA IMPORTANCIA DE TENER TODO EN ORDEN:

Un error en la documentación es suficiente para estropear una venta. En mis primeros meses de Asesor inmobiliario todavía me llevaba sorpresas negativas por falta de conocimiento y experiencia, y con mucha vergüenza confieso que, desafortunadamente, esas sorpresas llevaron a que no se dieran los cierres de venta e hice que mis clientes pierdan tiempo valioso a la hora de vender o comprar una propiedad. Muchos de estos errores (horrores) de omisión y negligencia, tenían que ver con la documentación que se requiere para llevar a cabo la compra-venta desde el aspecto legal porque no estaban en tiempo y forma...

Al igual que con la parte fiscal, lo más recomendable es contar con un equipo legal que conozca a profundidad temas notariales. Muchas notarías están más que dispuestas a ayudarte siempre y cuando los promuevas para que hagan la escritura de compraventa definitiva, pues obtienen ingresos por ello; así que en caso de que no tengas esta parte del servicio cubierto, busca hacer una alianza con un equipo legal capaz y eficiente. Los principales aspectos legales para considerar desde mi opinión son:

Documentación

Hay que revisar que los siguientes documentos estén actualizados y disponibles.

Documentación de la Propiedad

Plano y Cédula Catastral

Estos documentos son básicos para cualquier compra venta, incluso para el análisis de opinión de valor y el cálculo de los impuestos a pagar. Para que sean válidos tienen que estar actualizados al año vigente. Normalmente son trámites muy sencillos. En Yucatán existen módulos para hacer estos trámites municipales y estatales de manera muy sencilla y eficiente.

Escritura de Compra de la propiedad

Aunque la información que contiene la escritura muchas veces la puedes consultar de manera digital, en mi experiencia siempre ayuda tener la copia a mano como parte del expediente. Ahí podrás ver quién o quiénes son los propietarios actuales, si tiene algún gravamen o alguna consideración adicional.

Predial

Este es el impuesto que se paga por los servicios básicos y de urbanización que benefician a la propiedad. Revisar que el impuesto predial esté al corriente con los pagos antes de vender la propiedad es fundamental. Hay situaciones en las cuales vale la pena pagar el año completo, por algún descuento, pero también es muy probable que el predial se pueda pagar por mes, y la obligación del propietario es que esté pagado hasta el momento que sea suya la propiedad, es decir, hasta el día de la firma.

Documento para exentar el ISR y el Cedular (en caso de que aplique)

Aunque profundizamos en el apartado de asesoría fiscal, recomiendo que como parte del expediente legal incluyas el documento con el que se plantea exentar los impuestos.

Acuérdate que el criterio del notario tiene un papel importante y si tienes dudas siempre es bueno que el notario que vaya a hacer la compra-venta pueda revisar y validar el documento de exención lo antes posible para tener TOTAL CERTEZA.

Documentación del propietario

Se le llama generales a la información que necesitas de las personas involucradas en una operación inmobiliaria, algunos de estos datos requieren documentos para anexar al expediente.

1. Nombre completo (Con la identificación Oficial)
....

2. Lugar y fecha de nacimiento (Con el acta de Nacimiento)
....

3. Dirección (Con el comprobante domiciliario)
....

4. Estado Civil (Con el acta de Matrimonio en caso de ser casad@, si es solter@ basta declararlo así)
....

5. Ocupación (No hay un codumento que se requiera, así que basta con declarar a que se dedica la persona para obtener ingresos) CURP y RFC (Los documentos como tal)
....

6. CURP y RFC (Los documentos como tal).

IDENTIFICACIÓN OFICIAL

La credencial para votar (INE actualmente) es la única identificación que sirve para exentar el ISR, pero además del INE existen otras identificaciones oficiales: pasaporte, cartilla militar y la cédula profesional.

....

ACTA DE NACIMIENTO

Es importante anexar el acta de nacimiento como parte del expediente. Es relevante para que en las generales se manifieste de manera certera el lugar de nacimiento y nacionalidad tanto de quien compra como de quien vende.

....

ACTA DE MATRIMONIO.

En caso de que alguna de las partes involucradas esté casada es importantísimo agregar el acta de matrimonio al expediente. Esto es necesario para saber si la unión está bajo el régimen de separación de bienes, cuando cada uno tiene sus propiedades y bienes de forma independiente; o bien, con el régimen de bienes mancomunados.

Como asesor inmobiliario, considero que la mejor opción legal es la primera. Pues al casarse con bienes mancomunados, todos los bienes que se adquieren durante el matrimonio son en copropiedad para ambas partes, es decir, cada uno tiene el 50 por ciento de la propiedad, sin importar quién ponga el dinero).

En caso de que los bienes se hayan adquirido antes del matrimonio habría que hacer una capitulación matrimonial para que se manifieste y esas no entren como parte del patrimonio en copropiedad. Esto es relevante porque al momento de vender la propiedad se necesita que la pareja se manifieste a favor de la escritura y otorgue su consentimiento.

....

RFC

Ya que todas las operaciones inmobiliarias están ligadas y auditadas por el SAT es necesario brindar los datos fiscales de cada parte. No basta con dar el dato, también es necesario presentar el alta de hacienda, o algún documento que muestre los datos fiscales del SAT.

....

CURP

Es un documento muy sencillo de conseguir en caso de que el cliente no lo tenga a mano (PONER LIGA PARA DESCARGARLO), y de unos años para acá junto con el RFC se ha vuelto indispensable para el expediente de una compra-venta.

2 PARTE

"LA VENTA"

LA VENTA

Listo, ya hiciste el proceso de ENLISTADO y ¡tienes una exclusiva! Ahora viene lo bueno, el momento en el que tienes que hacer todo lo que dijiste qué harías al obtener la exclusiva y MÁS. Obtener una exclusiva que no vendes es un grave error. No sólo significa perder tiempo y dinero, sino que también tu imagen y reputación se vaya desgastando cuando no cumples con el objetivo de cerrar la venta.

Desde mi punto de vista, obtener una exclusiva es mucho más fácil que vender una propiedad, así que daré inicio a esta parte del libro recomendándote que te enfoques de nuevo y busques poner en práctica todas las cosas que propongo a continuación.

En el proceso de ENLISTADO, como último punto, hablamos de la **ESTRATEGIA DE COMERCIALIZACIÓN.** Para cumplir con un objetivo hay que tener un plan y una estrategia, pero es igualmente importante la realización de acciones puntuales y constantes para que ese plan funcione.

El momento de brillar: La estrategia comercial

Una vez que todos los papeles están en orden, viene la estrategia comercial. Esta es la parte más importante de nuestro trabajo, y no es que los otros puntos no lo sean, sino porque creo que aquí es donde podemos aportar innovación y creatividad. Los puntos anteriores son relevantes como parte de una formación sólida y profesional que garantice la tranquilidad y legalidad del proceso, y en la estrategia de comercialización podemos otorgar un valor agregado único, y es lo que nos llevará a conseguir nuestro objetivo **VENDER LA PROPIEDAD de manera EFICIENTE.**

Es por eso buscaré hacerte algunas recomendaciones básicas para desarrollar una estrategia de comercialización eficiente. Aunque, de nuevo, depende de tu creatividad e innovación.

CONOCE LA PROPIEDAD A LA PERFECCIÓN

Dicen que para vender algo hay que conocerlo. Parece básico, pero hace una diferencia enorme ser la persona que más conoce una propiedad para poder venderla. Te aconsejo cubrir los siguientes datos:

1. El m2 de la construcción
....
2. Medidas del frente y fondo del terreno
....
3. Superficie de m²:
No siempre es la multiplicación del frente por el fondo, ya que algunos terrenos son irregulares y forman ángulos que complejizan el cálculo.

....
4. Estatus legal y condiciones particulares de venta.

....

5. Equipamiento y características especiales:
Siempre es bueno pedirles a los propietarios que compartan todos los datos que no se ven a simple vista.

....

6. Contexto de la zona:
Mejores accesos y vialidades, qué servicios están disponibles, y que tipo de comercio tienes cerca dentro de un rango de uno o dos kilómetros a la redonda.

....

Al final, cada propiedad es un universo de posibilidades y hay que conocer todas ellas a la perfección antes de empezar a vender.

¿A QUIÉN PODRÍA INTERESARLE LA PROPIEDAD?

Cuando visito una propiedad por primera vez y la voy a enlistar en exclusiva, lo primero que me gusta hacer es dar un recorrido por todo el lugar con el propietario. Me gusta revisar la propiedad para analizar la calidad, el estado de conservación y empezar a visualizar a quién podría vendérsela. Esto me ayuda a planear la estrategia.

Una vez que sabes a quién podrías venderla es más fácil definir a través de qué medios le harás llegar la información, cómo te vas a asegurar de que conozca la propiedad, incluso qué tipo de lenguaje y palabras vas a utilizar de manera que sea atractiva para esta persona. Lo mismo aplico cuando me contratan como Master Broker para llevar la dirección comercial de un proyecto y hacemos el **"Blindaje Comercial"**, definimos los perfiles de nuestros compradores potenciales y trabajamos estrategias de comunicación para abordarlos de una manera eficiente.

Hoy más que nunca hay mucho trabajo de prospección que se puede hacer de formas muy eficientes, a través de los mensajes directos de WhatsApp (aplica para la red de comunicación digital de tu preferencia), grupos o listas de difusión, así como los mailings con una buena estrategia de automatización pueden hacerle llegar tu información a la gente en el momento más oportuno. En estos casos lo más complicado es lograr que la información y el mensaje que quieres transmitir sean los adecuados para ese objetivo, desde qué palabras usar y asegurarte de que se entiendan claramente, hasta hacerlo atractivo para que las personas lo lean entre tanta información que hoy día se consume.

PROMOCIÓN:

Aquí empieza lo bueno y la parte donde puedes ser muy creativ@. Primero lo primero: tienes que poner un letrero para que la gente sepa que la propiedad está en venta, desde este punto tan básico puedes empezar a ser creativo e innovador.

En Mayakin utilizamos tecnología en nuestras lonas, los códigos QR son una herramienta básica, que te permite hacer muchas cosas para enlazar a las personas a más información en redes y espacios digitales.

Si eres inmobiliario debes tener una estrategia en medios digitales desde lo más básico que son las redes sociales, hasta campañas muy específicas de Google Ads, mailings, automatizaciones, etc. Si no tienes idea de qué te estoy hablando, te aconsejo acercarte a algún experto en el tema (Marketing Digital Inmobiliario). Cada día hay más oferta de este tipo de servicios. Además de lo digital y la lona, hay muchas formas de promover una propiedad, ponte creativo y planifica la mejor forma. **NO tengas MIEDO de intentar cosas nuevas y NO pares en el esfuerzo hasta que cumplas el objetivo de venderla.**

RED INMOBILIARIA

Otra gran estrategia de promoción es tener una red de colegas para hacer negocios colaborativos. Se dice que el 80% de las ventas son colaborativas: dos asesores trabajan coordinados, representando cada quien a su respectiva compradora/comprador, propietario/propietaria, para llevar con éxito la operación y dividirse la comisión al concretarse la venta.

Aprovecho esto para mencionar que NO es correcto dividir una venta con más de un colega (se tenía que decir y se dijo). Más allá del contexto económico ("me va a tocar menos" o "me va a tocar muy poquito") que desafortunadamente se ha dado como pretexto. El verdadero motivo es que se pone en riesgo la eficiencia y el éxito en la operación al crear el famoso "teléfono descompuesto", cuando el mensaje se va perdiendo al pasar de persona a persona por la interpretación que cada uno le da a factores que parecen irrelevantes, hasta que en algún momento lo son y se cae la venta.

Así que, para brindar un mejor servicio y una experiencia positiva, es preferible NO DIVIDIR entre tres. Más allá de los representantes de las partes, no es necesario que alguien más se involucre con el rol de asesor inmobiliario. Si l@s involucrad@s somos profesionales no se justifica una tercera persona ponga el valor agregado lo suficiente para cobrar una parte de la comisión.

Regresando al tema de promoción, es ideal hacer negocios con tus colegas. Sobre todo, con los exitosos que, como tú, se esfuerzan en promover sus propiedades después de conocerlas a la perfección, ya que representan una excelente oportunidad de cumplir tu objetivo.

Algunas recomendaciones que te puedo hacer para aprovechar esto son:

1. Unirte a la asociación local con mejor reputación (calidad de capacitación, organización y capacidades para hacer negocios). Yo pertenezco a AMPI Mérida y AMPI Nacional desde hace más de 10 años y me ha dejado muchísima experiencia, información y relaciones con muy buen@s colegas en todos los sentidos.

....
2. Crea un grupo de WhatsApp sólo para colegas, o únete a alguno ya existente. De hecho, si ya eres Asesora o Asesor Inmobiliario y no estás en un grupo de WhatsApp de inmobiliari@s tienes que mejorar MUCHÍSIMO tu relación con ellos. Aprovecha cada oportunidad para conocerlos y buscar con quién podrías tener las mejores alianzas.

....
3. Mándales por correo la información de las propiedades que vas enlistando. Trata de avisarles cada que puedas, envía fotos y herramientas que hayas trabajado para la promoción, a veces los tiempos son perfectos y la propiedad que estás promoviendo es justo la que necesita el cliente o la cliente de un colega.

Comunicar y prospectar para comercializar.

VAMOS A DECIR UNA VERDAD: SI NO TIENES A QUIEN VENDER-LE UNA PROPIEDAD, LA EXCLUSI-VA NO SIRVE DE MUCHO.

Es por eso por lo que prospectar es FUNDAMENTAL en la vida de cualquier vendedora o vendedor. Prospectar para mí significa, de manera muy general, crear una base de datos de posibles clientes. Las bases de datos son las mejores aliadas de los vendedores, un Excel como lo más básico (las físicas o escritas en papel son muy poco prácticas) o en un sistema especializado para seguimiento de ventas.

Existen muchos softwares que se comercializan hoy en día y que son muy buenos para esto, en este caso prefiero no recomendar uno porque depende mucho de tus necesidades y con el tiempo siempre surgen nuevas opciones. Estoy seguro que si preguntas a tus colegas ellos sabrán de alguno, o nuevamente te recomiendo acercarte a AMPI en tu ciudad y ahí podrás tener esa asesoría como uno de tantos beneficios.

Pero bueno, mucho rollo y la prospección no debería de ser tanto rollo.

Prospectar

Muchas veces se confunde el prospectar con dar un discurso de ventas y, en mi experiencia, esto puede ser un gran error. Para mí, prospectar es tener conversaciones reales con personas que pudieran interesarse en lo que haces, personas que quisieran comprar o vender una propiedad, para ser específicos. Hay que tener muy buenas habilidades de comunicación para ser un buen prospectador y, eventualmente, vendedor.

Hoy existen muchas formas de prospectar:

1. Contactos en frío. ✓
2. Referencias. ✓
3. Conocidos y familiares. ✓
4. Clientes. ✓

1. Contactos en frío

Esta es la forma más antigua y compleja de conseguir posibles clientes. Los contactos en frío son personas que buscas sin conocerlos. Normalmente sin tener referencias, ya que se obtienen de bases de datos públicas, o muchas veces compradas.

No recomiendo comprar bases de datos ya que su eficiencia es mínima, típicamente cuestan mucho y éticamente me parece incorrecto, ya que son personas que no autorizaron el uso de sus datos para que los contactes y les quieras ofrecer tus servicios inmobiliarios.

En mis primeros años como vendedor, hace poco más de 15 años, utilizaba la sección amarilla. Era un librote que contenía los teléfonos de muchas personas y empresas, así que tenías que pasar las hojas físicamente y marcar los números, ver quién te contestaba e intentar dar con la persona adecuada para ofrecer tus servicios. Hoy los contactos en frío pueden ser contactos en tibio, ya que con las redes sociales y los grupos de WhatsApp es muy fácil tener acceso a personas que no conoces pero que pueden tener puntos de referencia en común y tienes más probabilidades de ser escuchado. Aunque esto es por iniciativa propia, es decir, la persona en común no interviene.

2. Referencias

Cuando ofreces un servicio de calidad y eres profesional en lo que haces, es fácil pedirles a personas que te conocen que te pasen los datos de conocidos suyos a quienes les pueda interesar tu servicio, haciendo un **COMPROMISO REAL** con sólo ofrecer buenas propiedades.

Hoy en día me preocupa mucho la cantidad de productos basura que se están comercializando como "productos de inversión", sólo porque son muy accesibles de pagar; pero no tienen ningún tipo de sustento que permita asegurar su valor y deseabilidad a futuro, al no estar alineados al crecimiento urbano de la zona; por lo que hay que ser siempre muy selectivos en los productos que comercializamos, de esto depende el crecimiento y la sostenibilidad de nuestro negocio, sobre todo si queremos recibir referencias y clientes que nos recompren.

Si le pedimos una referencia a alguien hay que entender que, si no le damos la seriedad adecuada y nos comportamos con el profesionalismo necesario, acabará mal porque puede que no nos compren. Y aunque lo hagan, la persona que nos referenció al comprador puede terminar muy molesta cuando sepa que vendiste algo que no se puede revender.

Las referencias de tus clientes actuales son mucho más valiosas que las de tus conocidas o conocidos.

3. Conocidos y familiares

Pienso que son los últimos a los que debes contactar. Si vendieras galletas o chocolates, como de niño, los conocidos y familiares sin duda te comprarían. Pero estamos hablando de comprar o vender propiedades y de acciones que afectan el futuro y patrimonio de las personas, por más que te aprecien no te van a comprar si no tienes las facultades.

Así que antes de quemar esos cartuchos y causar una mala impresión (la primera impresión como asesor inmobiliario o promotor de propiedades) date a la tarea de aprender y tener la capacidad mínima viable antes de buscarlos.

Empieza con personas que no conozcas que, aunque representen un reto, al no conocerte tendrán que darte el beneficio de la duda si es que haces bien las cosas. **Si no sale como quieres seguramente no dañará tanto tu imagen, sino que simplemente perderás la venta.**

4. Clientes

Todas las personas que ya confiaron en ti y probaron tus servicios son posibles clientes en reposo, depende de su perfil y poder adquisitivo. Podrían ser clientes frecuentes a corto plazo, a mediano o largo plazo. **¡No los sueltes!** Busca contactarlos cada cierto tiempo para mantener la comunicación y relación con ellos.

5. Comunicar

Quisiera que consideres las redes sociales como un excelente medio de prospección. Crear contenido, que no es otra cosa más que compartir información de valor sobre tu expertise, para que la gente te ubique y de ese valor surjan las posibles oportunidades de venderles, aunque no sea tu primer objetivo al compartir contenido de valor. Y así como pides referencias puedes pedir a tus contactos, conocidos y familia que compartan tu contenido para que llegues a más personas y se vuelvan tus clientes. Igual que lo mencioné en los Contactos en frío, puedes comunicarte con amigos de tus amigos y tener una fuente ilimitada de prospectos.

Imagina que por fin alguien de tus cien intentos te dijo que sí está interesado en invertir en alguna propiedad, comprar una casa o lo que sea que le hayas ofrecido, ahora empieza lo delicado. Tienes que trabajar la conexión con tu futuro cliente para que llegue a serlo de la manera más eficiente.

La comunicación se vuelve La herramienta de ahora en adelante. **Tienes que conectar lo suficiente** para que el prospecto te responda las preguntas que le vayas haciendo con tanta honestidad como puedas. Al mismo tiempo, tienes que hacer las preguntas adecuadas, ya que de eso depende la eficiencia del proceso. Para una mejor comunicación lo único que te puedo recomendar es que leas tanto como puedas sobre el tema y te hagas consciente de lo importante que es para la vida. Para hacer las mejores preguntas posibles, creo que puedo hacer un poco más.

Por eso te comparto muchas de las preguntas que les hago a mis clientes para perfilarlos de la mejor forma:

1. ¿Qué buscas específicamente?
Cuéntame lo más detallado que puedas.
....

2. ¿Qué idea tienes cuando piensas en comprar?
....

3. ¿Cuál sería tu carta a Santa Claus?
Para motivarlos a que digan hasta lo que consideran difícil.
....

4. ¿Cuál es el presupuesto máximo que estarías considerando para esta inversión/compra?
....

5. ¿Cómo estás pensando comprar? ¿Recursos propios, un crédito? ¿De qué tipo?
....

6. ¿Qué espacios necesitas? ¿Cuartos, baños, cochera, área de servicio?

....

7. ¿Tienes familia?

De ahí se puede derivar una plática más informal que incluya el saber su dinámica de familia: si tiene pareja, hijos o hijas, mascotas, etc.

....

8. ¿Cómo es tu día a día? ¿Por dónde trabajas? ¿Estudias?

....

·9. ¿Cuándo la quieres ocupar? ¿Puede ser preventa?

....

10. ¿Es la primera vez que compras una propiedad?

De ser su primera vez, hazle un recorrido breve por todo el proceso para que tenga una idea más clara.

....

Usa las preguntas que mejor te sirvan, el objetivo ya lo definimos: **conectar con el prospecto y conocer qué le interesa realmente.**

El seguimiento es fundamental en un proceso de venta para brindar un servicio adecuado, es la DISCIPLINA, la responsabilidad, el compromiso con tu trabajo y tus clientes. Es algo muy básico y simple, pero al mismo tiempo un error muy común en los agentes inmobiliarios. Para efectos de concientizar al máximo y compartir toda mi experiencia voy a dividir este tema en dos enfoques: **Servicio y Base de Datos.**

Por una parte, estar pendiente de cómo puedes ayudar a tu cliente a avanzar con su proceso: enviarle más información, en el horario y la forma, además de poner todo el valor agregado que puedas: detalles a la hora de las citas, información de valor o cualquier cosa que le dé un extra a tu servicio y a la experiencia del cliente.

Cuando trabajes con prospectos -sin importar de dónde hayan surgido-, es importante el seguimiento que realices para activar el proceso de compra. Un mensaje saludando y deseando un buen día, enviarle oportunidades de compra o inversión cada vez que tengas algo que valga la pena, y que pudiera estar dentro del radar o las posibilidades de tu prospecto. Tenerlo en cuenta te mantendrá en su cabeza para cuando necesite comprar.

A estas alturas ya debes de saber qué es una base de datos de ventas. Pero si todavía no lo sabes, deja de leer un momento y entra a un buscador de internet para investigar, así aprovechas al máximo la siguiente información.

En mi experiencia, un alto porcentaje del éxito de un vendedor a largo plazo depende de cómo trabaja sus bases de datos. Muchas veces puedes carecer de habilidades y estar empezando a ganar conocimiento y expertise, pero si manejas bien la base de datos podrías ser un agente inmobiliario con cierto nivel de éxito.

Yo soy de la idea de tener un Excel y alimentarlo con el nombre, teléfono, correo y toda la información extra que puedas tener de las personas con las que vas hablando para ofrecerle tus productos o servicios.

Si tiene pareja, hijas o hijos, mascotas, dónde trabaja, cuáles son sus hobbies, etc.; son datos que resultan muy útiles en determinados momentos. De este archivo digital, vas a sacar nuevos prospectos cada vez que sientas que no tienes a quien venderle algo.

Es poco probable que, al momento de contactar a alguien para ofrecerle tus servicios o productos, no estén en el momento adecuado para concluir la compra. Pero se trata de dejarles la idea, ayudarles a ver si es viable y si no, tratar de hacer un plan para que puedan comprar (esto puede ser un poco romántico, pero no por eso lo dejo de intentar y funciona muy bien). Cuando no sea a corto plazo, será a mediano o largo, pero si están en tu base de datos seguro que logras concluir algo con estos clientes.

Adicional al seguimiento de tus prospectos (los que siguen siendo viables de comprar a corto plazo) hay que darle seguimiento a la base de datos y alimentarla tanto como se pueda.

Te recomiendo tener objetivos claros, por ejemplo: diez personas nuevas en la base de datos al día o semana dependiendo de que tantas citas y cierres tengas y, al menos, cuatro o cinco prospectos para venderles a corto plazo.

Por supuesto que, si alguno de estos prospectos no termina comprando a corto plazo, lo tendrías que mandar a tu base de datos y trabajar el seguimiento para que te mantengan en su mente a la hora de necesitar un agente inmobiliario.

Una vez que ya hiciste el perfil de tu prospecto con las preguntas clave sobre su idea de compra y tienes claro qué ofrecerle, empieza la etapa de las propuestas. Las propuestas serán todas esas propiedades que podrían interesarle a tu cliente y es **tu OBLIGACIÓN** presentárselas de la mejor manera posible. Muchos agentes nos conformamos con enviar las fichas de información y algunas fotos de la propiedad en cuestión.

En mi experiencia, esto es lo MÍNIMO aceptable, muchos "colegas" ni siquiera preparan una ficha con la información completa y se limitan a enviar un mensaje de WhatsApp o un mail con la información redactada al momento y fotos tomadas con el celular; pero realmente en este tema hay dos aspectos fundamentales a cuidar: la Creatividad e Innovación y la Calidad de la información enviada.

Creatividad
e innovación

A la hora de enviar propuestas el límite lo pones tú mismo. Hoy tenemos muchas herramientas tecnológicas de las cuales agarrarnos para hacer más agradable la experiencia y al mismo tiempo para facilitar la toma de decisiones del cliente, dándole argumentos sólidos de lo que puede satisfacer sus necesidades y lo que no. Algunos ejemplos: Recorridos virtuales, fotos profesionales, presentaciones con resúmenes y un buen diseño, comparativas de las propiedades, videos de cada propiedad y de su entorno, videos con drones de los accesos y a los rededores, entre otras cosas.

CALIDAD DE INFORMACIÓN:

En la creatividad e innovación, la forma en la que presentamos la información se vuelve una parte importante; pero cuando hablamos de la calidad de la información, nos referimos 100% al contenido, a lo que la presentación o comparativa llevan por dentro y qué es lo que realmente le va a servir al cliente.

Para mí, empieza desde encontrar las mejores opciones disponibles en el mercado con base en lo que tu cliente busca y necesita, pasando por asegurarte de que la información que ofreces sea real y adecuada para analizar de manera integral la propiedad.

Por integral me refiero a lo comercial, legal, financiero, logístico, proyección de la zona, el proceso de compra que habría que llevar a cabo y particularidades de la propiedad, así como del o la propietaria, que sea necesario considerar.

Algo que me parece muy importante, aunque puede parecer obvio, es que te asegures de enviar TODAS las opciones disponibles.

Muchos colegas sólo ofrecen las que tienen de manera directa o las de la empresa en la que trabajan, pero me parece que se comete un acto poco ético al **NO ofrecerle al cliente TODAS las opciones disponibles en el mercado;** sin importar en cuáles ganas más dinero o cuál te conviene más por el motivo que sea. Muchas ventas se me han caído porque no logré enviar a tiempo todas las opciones disponibles, y eso que tengo esto claro desde hace varios años; ya que hoy más que nunca l@s clientes muchas veces tienen acceso a información, pueden contactar a otr@s colegas e incluso sin que ell@s quieran los algoritmos las redes sociales te ponen enfrente esa publicidad, y si l@s clientes no saben que tú les puedes ofrecer todas las opciones disponibles en el mercado o sienten que estás manipulando la información o limitándola, las probabilidades de que cierres esa venta se empiezan a reducir considerablemente.

VISITA DE LAS PROPIEDADES:

Después de enviar las propuestas (típicamente la primera ronda de propiedades, ya que normalmente son de dos a cuatro rondas de propuestas) hay que recomendar al cliente visitar las propiedades que más llamen su atención para validar todo lo analizado, pero ahora en vivo y a todo color, conocer la propiedad por dentro o al menos en el lugar específico donde se construirá la casa en caso de ser una preventa.

Hay una regla no escrita que dice que, si haces bien el trabajo de perfilamiento, a un cliente no se le deben de mostrar más de tres propiedades, máximo cinco en caso de que el mercado en el que trabajes tenga mucha oferta, como sucede actualmente en Mérida, Yucatán.

Personalmente, creo que en este asunto de cuántas propiedades se deben de mostrar, debe haber una línea muy delgada entre todas las opciones necesarias para que tu cliente comprador tome la mejor decisión, y las suficientes para no marearlo ni hacerles perder el tiempo a ambos. Así que mi recomendación es que intentes perfilar lo mejor posible a tu comprador y retroalimentar cada opción que visites para acercarte cada vez más a la mejor propiedad.

AHORA SI EL "SHOWING"

Así como se le conoce en inglés y en el mercado internacional al mostrar las propiedades, lo menciono como dato cultural y por qué también creo que el término en inglés nos acerca mucho más al concepto de lo que deberíamos hacer en las visitas a las propiedades. Literalmente, **"showing" significa demostración y es una de las mejores formas, en mi experiencia, de describir el objetivo de mostrar a alguien una propiedad.** Hacer una demostración de la propiedad en el sentido más amplio, una demostración de cómo sería su vida si la propiedad fuera suya, de los beneficios que les daría y, por supuesto, de todas las características que tiene la propiedad para apreciación, análisis y valoración del comprador.

Además de la demostración, en esta etapa es fundamental recordar que todos los detalles cuentan para tener un proceso de venta exitoso. Desde el llevarle unas aguas a los clientes para hacer su experiencia más agradable (en Mérida hace mucho calor y esto siempre se agradece) hasta preparar el orden de las visitas como parte de la logística y establecer la mejor ruta para cada una de las propiedades, permitiendo que el interesado pueda analizar la mejor opción para llegar y comentando los atributos de la zona.

Creo que llevar la información de la propiedad para el cliente es algo que se agradece, pero me causa un conflicto ecológico imprimir hojas que, probablemente, terminen siendo basura casi al instante. Sólo una de cada diez fichas impresas, aproximadamente, son conservadas para un análisis posterior. Eso es mucho desperdicio de papel, por lo que recomiendo consumir hojas recicladas para esto, si es que escoges imprimir la información. También puedes apoyarte de la tecnología para cumplir con tus clientes, siendo lo más eco-amigable posible, con una Tablet de buen tamaño puedes resolver esto con mucha eficiencia.

Es fundamental conocer a detalle la información de la propiedad, sobre todo los datos generales más relevantes: número de cuartos, baños, m2 de construcción y m2 de terreno, Hay muchísima más información importante, pero si no sabes esos datos en la demostración estarías echando a perder gran parte de la experiencia del cliente en esa visita.

Después de la demostración, procura preguntar a los clientes qué les pareció la propiedad.
Tengo un proceso que me ayuda a otorgarle un puntaje a cada propiedad, junto a los clientes después de cada visita.

Les hago cuatro preguntas: ¿Te gustó la casa? ¿Te gustó la zona? ¿Te parece razonable el precio? ¿Te ves viviendo aquí? Cada respuesta puede ser SI, NO o PUEDE SER con 25, 0 y 10 puntos respectivamente. De manera que, si está arriba de 75 puntos, esto convierte a la casa en una de las finalistas; con 50 a 74 puntos valdría la pena tenerla como plan B y con menos de 50 puntos ni siquiera la consideres. Esto ayuda a mantener a los clientes enfocados en qué les gustó y qué no de cada propiedad. También a la hora de tomar decisiones los números y los datos duros pueden ayudar.

RETROALIMENTACIÓN FINAL:

Si ya le mostraste a tu cliente esas tres o cinco propiedades que fueron las finalistas en tu análisis de la oferta total y que podrían satisfacer las necesidades de tu cliente, es momento de ayudar a que tomen una decisión. Me refiero justamente a eso, **AYUDAR A QUE TOMEN LA MEJOR DESICIÓN**, porque me niego rotundamente a presionar a un cliente a que decida si no está 100% convencido, pero creo que es parte de nuestro trabajo ayudar a tomar la decisión final disipando dudas, dando los argumentos suficientes para que él o la cliente pueda tomar la decisión. Siempre le planteo a mis clientes que uno de los principales objetivos de mi trabajo es generar información de valor para que ell@s tomen la mejor decisión.

¿Cómo hacer esto?

Primero hay que hacer las preguntas correctas. Conforme vayas conociendo a tu prospecto durante el proceso de perfilamiento, propuesta, seguimiento y visita de las propiedades, tendrás que tener claro qué es lo que le pareció más importante.

Puedes enfocarte en hacerle preguntas para validar si eso que tú detectaste como algo que le llamó la atención es correcto, y qué tanto ese factor acerca a la propiedad para ser finalista.

Ejemplo:

Iván, ¿qué te pareció el jardín de la propiedad? ¿Es lo suficientemente amplio para lo que buscabas? Dependiendo de la respuesta podrías comparar con las demás opciones. Si te dice que sí, tendrás un parámetro para saber que de las casas visitadas las que tienen el jardín más chico podrían tener menos probabilidades.

Cualquier pregunta enfocada a validar si le gustó o no la propiedad en general y cada característica que consideraste para enseñarla, te ayudarán a que tengas una idea más clara en la siguiente ronda de opciones y para que el cliente haga conciencia de que esa casa sea podría ser la que se adapta mejor a sus necesidades.

Preguntas como:

1. ¿Te ves viviendo aquí?

....

2. ¿Te parece que el precio es justo?

....

3. ¿Qué es lo que más te gustó de la propiedad?

....

4. ¿En qué lugar pones esta casa en comparación con las demás?, te ayudarán a ver si l@s clientes están list@s para decidir o tendrás que presentarles dos o tres opciones más.

Adicional a estas preguntas, te paso algunas recomendaciones que creo son muy útiles para ayudar a los clientes a decidir:

1. Dale datos duros qué comparar:
m2 de construcción/terreno, número de cuartos/baños/espacios de estacionamiento, etc. Haz una tabla para ellos, de manera que su comparativa sea más sencilla y visual.
....

2. Insiste en que, si tiene cualquier duda, estás list@ para ayudarles a resolverla.
....

3. Dile que es fundamental que se sienta 100% seguro de su decisión, pero hazle consciente de que el tiempo puede ser determinante, ya que la propiedad se puede vender si es una propiedad única, o puede subir de precio si es parte de un proyecto.
....

4. Nunca te muestres desesperado por que ya decida; es importante que sepa que tu intención va mucho más que generar una venta y una comisión, es realmente ayudarle generando la mejor información para que tomen la mejor decisión.
....

5. Informa nuevamente sobre el proceso de compra en cuanto a apartado, enganche, saldo contra la firma de la escritura, etc; y sus tiempos para que tengan claro el camino a recorrer.
....

6. Platica abiertamente con el constructor sobre el interés de tu prospecto en su propiedad para ver qué tan motivado está en venderla, para ver si juntos pueden tener algún detonador de la decisión. Esto podría ser desde un descuento hasta informarle al prospecto que hay otros interesados en la propiedad, con todo el detalle posible para validar que es cierto.

¡BONUS!

¡BONUS!

Te quiero compartir una herramienta que me funciona muy bien para ayudar a mis clientes a tomar la mejor decisión, la bautice **las 3´s C´s de Mayakin (Cuestiona, califica y cuantifica)** la herramienta consiste en volver cuantitativo (datos duros), su análisis cualitativo (subjetivo y de apreciación).

Les hago 5 preguntas después de ver cada propiedad, y las respuestas sólo pueden ser: Sí, No, o podría ser.

Cada respuesta tiene un puntaje:
Sí.......................................**20 pts**
No......................................**0 pts**
Podría ser..........................**10 pts**

_____

Si la suma de las respuestas da más de 70 pts es una casa que debería de estar dentro del análisis final, menos de 70 pts sería poco adecuado y poco probable que se considere como una buena opción y 100 pts sería casi un mach perfecto.

Las preguntas son:

1. ¿Te gusta el diseño de la casa? (Arquitectura, colores, acabados).

....

2. ¿Te acomodan los espacios de acuerdo con tus necesidades?

....

3. ¿Te funciona la ubicación pensando en tu logística del día a día? (trabajo, escuelas, otras actividades)

....

4. ¿Está dentro de tu presupuesto?

....

5. ¿Te vez viviendo aquí?

....

Con sus respuestas y la sumatoria podrás ayudarlos a ver claramente como se posicionan las opciones que vieron y cómo las de mayor calificación son las mejores opciones, y como ell@s fueron los que calificaron no hay objeciones que sean válidas.

Espero las 3´s C´s de Mayakin te sirvan en tu día a día para ayudar a tus clientes a tomar mejores decisiones.

La negociación

Ya sabes cuál es la propiedad que convenció a tu prospecto (quien está a punto de convertirse en tu cliente), ahora tienes que conseguir el mejor trato posible para él o ella, buscando que siempre sea ganar-ganar. Yo me considero un experto en negociación, pero no lo suficiente como para escribir un libro sobre eso; hay muchísimo material de gente más especializada en técnicas de negociación que te recomiendo buscar para completar este apartado.

Es un tema muy amplio y, personalmente, creo que se trata de tener el conocimiento teórico para poder improvisar en la práctica, pues el tema inmobiliario es muy amplio y los procesos de venta siempre son diferentes, ya sea por la propiedad, la persona, los tiempos, las formas de pago, personalidades, necesidades, costumbres, etc.

Por todo esto, cada negociación termina siendo muy particular e inmediata. Es decir, se trata de poder manejar la situación y sacar el mejor provecho de ella.

Cualquier error a esta altura se vuelve mucho MÁS GRAVE, así que es momento de estar más enfocado que nunca. La comunicación también se vuelve más trascendental, un malentendido con tu prospecto o con la contraparte en un proceso de negociación puede "tirar la venta". Es decir, que todo el trabajo realizado sea en vano. Trata de ser muy claro y consciente de las palabras que usas para expresar tus ideas y propuestas. No olvides que estás hablando de cosas que son medibles en dinero y este puede ser un tema delicado donde muchas veces nadie quiere ceder.

Es importante que siempre muestres empatía, ponte en el lugar de tu representado/representada y también de tu contraparte para buscar que las cosas fluyan. Trata de que siempre tengas propuestas justas para encontrar el ganar-ganar y que la venta se logre de manera eficiente (tiempo-dinero).

Establecer el precio más justo para la propiedad siempre es importante, a partir de eso podrás aconsejar a tu representado sobre qué postura tomar y hasta cuándo ceder/presionar.

Analiza la oferta y demanda alrededor de la propiedad para tener un escenario más claro:

1. ¿Existen otras opciones en caso de no poder llegar a un acuerdo?

....

2. ¿Qué pasa si no se llega a obtener un descuento?

....

3. ¿Hay otros interesados en la propiedad?

....

Considerando lo anterior, estarás list@ para llevar una negociación de manera profesional y eficiente. En resumen, una buena comunicación, mucha empatía y conocimiento del mercado (oferta y demanda) será fundamental.

Cierre de
la venta

Este es un momento para concentrarse al 100%. Tienes que recapitular todo lo pactado en la negociación, hacer los números y lograr que la comunicación sea lo más clara y precisa posible. En el cierre las ansias juegan un papel importante, así que enfócate en controlar la situación y que todo fluya sin prisas ni retrasos.

Recuerda, todos están ansiosos por vender, estrenar o cobrar ya, a veces hasta por pagar de una vez, y es necesario que te enfoques no sólo para evitar prisas y errores, sino porque las emociones y ánimos tienden a estar más sensibles en esta etapa, así que ten cuidado con eso también.

RECOMENDACIONES PARA EL CIERRE DE VENTA:

1. Haz un reporte de la venta y tenlo a la mano siempre, asegúrate de que incluya lo siguiente:

¿Qué propiedad es (dirección, tablaje catastral, etc), en qué precio estaba originalmente y en cuánto se cerró?

¿Qué porcentaje de descuento se tuvo, qué forma de pago se pactó, cuándo y cuánto se va a pagar?

¿Cuándo se firma la escritura, quiénes estuvieron involucrados?

¿De la cuenta de quién sale el dinero? Y ¿En qué cuentas se van a recibir los pagos?

2. Ten por escrito con la parte vendedora y la parte compradora los acuerdos a los que se llegaron, como un recordatorio o aclaración para ver si están bajo el mismo entendido. Un correo es lo ideal pero un mensaje de texto podría funcionar igualmente, lo que quieres es tener evidencia por si en algún momento llega a haber un malentendido. Además de que, al hacer el recordatorio o aclaración, casi siempre previenes cualquier malentendido.

....

3. Haz énfasis en los impuestos, acuérdate que comprador y vendedor pagan impuestos en una compra venta de bienes inmuebles, en el caso del vendedor, se pagan o se exentan; es parte de tu responsabilidad, analizar y proponer el cómo se debe de manejar. En la parte Fiscal profundizamos un poco más sobre los impuestos del vendedor y como exentarlos de acuerdo a la ley del ISR. Siempre apóyate con el Notario para que te del cálculo, pero busca tenerlo a mano y que ambas partes estén enteradas.

....

4. Entrega el presupuesto con los costos de la escritura y define cómo se le va a pagar al notario. Aquí vienen también los montos de impuestos y puede servir como recordatorio o evidencia, pero es tu responsabilidad que cada parte concientice y se entere.

....

5. Una vez que se defina la forma de pago, encárgate de que esté de alta la cuenta que va a recibir el dinero, que el comprador avise a su banco sobre el retiro de esa cantidad y verifique que puede hacerlo por transferencia, cheque o efectivo de acuerdo al monto permitido por la ley y acordado con el dueño. Si es efectivo, considera que los bancos te piden, por lo menos, 24 horas para que te entreguen cantidades mayores a 100 mil pesos y, aunque avises, no siempre lo cumplen; así que prevelo y doble checa que esté disponible el dinero.

Siempre es bueno tener aliados en los diferentes bancos para estas situaciones.

....

6. Revisa la propiedad con el dueño o dueña antes de entregarla. Si es nueva, que tenga la menor cantidad de detalles, la expectativa es que todo sea perfecto, y debemos buscar cumplir, pero en mi experiencia la construcción es muy compleja de perfeccionar y más vale ir concientizando a los compradores de esto, para evitar decepciones. Si no es nueva, que esté como se prometió entregar y que no se quede nada del dueño anterior en la propiedad.

....

7. Define con el dueño o con tu colega, en caso de que solo representes al comprador, cuándo se realizará el pago de la comisión. Sin prisa, sólo para tenerlo claro y definido.

La firma

¡Ahora sí! Llegó el día de la firma. Si hiciste un buen trabajo y consideraste los puntos previos, la firma será puro festejo y emoción; pero si no, será momento de manejar una situación complicada e incómoda. Aun así, habrá que cumplir y concluir de la mejor manera. En la firma, el protagonista es el notario. Él debe explicar el documento que se va a firmar y las condiciones, debe asegurarse de que el pago esté realizado, etc.

Nosotros terminamos siendo el equipo de respaldo, muchas veces me ha pasado que, si algo dicho por el notario no les quedó claro a mis clientes, me involucro y busco aclararlo, o le pido al notario que le explique al cliente. Incluso, a veces he tenido que intervenir cuando la parte compradora no se está entendiendo con la parte vendedora. Debemos tener el control de la situación sin ser protagonistas y eso es un arte que se va desarrollando con la experiencia, por eso la recomendación aquí es que revises muy bien los puntos anteriores de la VENTA, para que cuanto llegues a la firma todo sea más llevadero.

Considera que a la hora del pago siempre surge el cuestionamiento de qué va primero: ¿el pago o la firma? **En mi opinión, primero se hace el pago y después la firma**. Así el comprador tiene la certeza de que, pagando, el vendedor va a firmar. La realidad es que para el vendedor existe el mismo nivel de certeza, pero me parece que la firma debería ser lo último.
Finalmente, se trata de que estén cómodos y puedes proponer cualquier cosa para que así sea. También me gusta felicitar a las partes una vez que se firma y el proceso concluye, no se trata de aplaudir ni mucho menos, pero sí de ofrecer una sincera felicitación por haber vendido y haber comprado, esperando que la operación resulte de mucho beneficio para ambas.

Por último, si te van a pagar después de la firma puedes decirle al vendedor que, si le parece bien, cuando termine la firma se queden en la sala un momento para realizar **el pago y no que sea frente al comprador.** Solo es cuestión de pedirle al notario cinco minutos en la sala después de la firma, y te aseguro que no tendrá problema; es un detalle que cuidar para evitar incomodidades a alguna de las partes.

La Entrega

¡Felicidades! Concluiste un proceso exitoso de venta o compra, dependiendo de a quién representes, o un doble caso de éxito si representabas a las dos partes. Ahora empieza una nueva oportunidad de negocio con tus clientes.

LA ENTREGA CON LA PARTE VENDEDORA:

Si representas a la parte vendedora tienes la oportunidad de cerrar con broche de oro su experiencia. **Guíalo sobre el proceso, explícale qué va a pasar, dale tiempos y contexto**; recuérdale lo que acordaron con el comprador sobre qué se deja en la casa y cómo se entrega. Si es una casa nueva, recuérdale las garantías que debe dar a la parte compradora, invítalo a fortalecer su área de postventa en caso de que la casa tenga algún detalle o desperfecto en los tiempos que marca la ley (te invito a revisar la página de PROFECO con respecto a las garantías a la hora de vender una vivienda), ofrécele ayuda para resolver temas de mantenimiento o limpieza previo a la entrega.

Recuerda que, aunque ya concluyó la venta y probablemente ya cobraste, cada oportunidad de ayudar a alguien que confió en ti y/o conoció tu trabajo, es una oportunidad para que te recomiende o vuelva a solicitar tus servicios. La visión a largo plazo de tu negocio es la clave para llegar a ser una asesora o asesor inmobiliario exitoso.

LA ENTREGA CON LA PARTE COMPRADORA:

En este momento, nuevamente se trata de que la parte compradora se sienta feliz de concluir y tener posesión de la propiedad que compró, probablemente, después de mucho esfuerzo tanto económico como de tiempo invertido en escoger y decidir qué propiedad formará parte de su patrimonio.

En Mayakin brindamos experiencias inmobiliarias durante todo el proceso de compra o venta para todas las personas que confían en nosotros, pero tratamos de lucirnos en la entrega para que las o los nuevos dueños recuerden ese momento por el resto de su vida. Te doy algunos ejemplos: hemos llevado mariachi el día que se les entrega la casa, hemos invitado a sus familiares para que lleguen de sorpresa, hemos realizado sesiones de fotos, entre otras cosas que hacen de este momento algo muy significativo.

Hoy con una estructura que nos respalda y parte del equipo de marketing enfocado a esas experiencias es mucho más fácil, pero no siempre fue así. Si no tienes quien te ayude con este tipo de acciones, puedes recurrir a cosas un poco más básicas: felicitar con mucha emoción a tus clientes al momento de la firma y la entrega, llevarles un detalle para su casa o para ellos: una botella de vino, chocolates, un llavero bonito, un cuadro o foto enmarcada para su nueva casa… y tomarles un par de fotos con tu celular para captar el momento y compartirlo con ellos. Nuevamente, la creatividad que puedas tener y el tamaño del negocio que hayas concretado darán la pauta para brindar una experiencia realmente inolvidable y tener un promotor (embajador) de tu marca o tu trabajo.

¿QUÉ PASA DESPUÉS DE UNA VENTA?

Atraer un cliente nuevo es más costoso que retener a un cliente actual, esta premisa es clara y comprobable. Sin embargo, muy pocos negocios lo aprovechan.

Aquí tienes una gran oportunidad, tener una estrategia de postventa te da múltiples beneficios: relaciones a largo plazo con tus clientes, la posibilidad de crear una comunidad (lo cual hace que también sea cada vez más fácil hacer negocios), obtienes muchísimas recomendaciones y referencias, ahorros en el presupuesto de publicidad, una cartera de clientes sólida que serán la base de tu crecimiento.

Te recomiendo estas estrategias de postventa para tener una excelente relación con tus clientes:

1. Aprovecha la base de datos.

Recuerda que debes tener una base de datos (aumentando constantemente) con los nombres, teléfonos, correos, fechas de nacimiento, etc. Teniendo esta información podrás estar en constante comunicación con tu cliente, preguntarle cómo le ha ido con la propiedad que compraron, avisarle de proyectos nuevos, felicitarle en sus cumpleaños, darle noticias relevantes de la zona en la que compraron, entre otras cosas que puedes hacer siempre que mantengas la atención.

2. Automatizaciones.

Tienes la opción de, con un buen CRM, automatizar correos para enviar recordatorios o procesos que le quieras recomendar. Por ejemplo, recordarle los vencimientos de su garantía para la construcción de la casa, recordar cuando deben ir por sus escrituras, la realización de algún pago y aprovechando descuentos del predial, ayudarlos con recomendaciones de mantenimiento, directorio de proveedores, etc.

....

3. Eventos.

Organiza eventos, invítalo y recuérdale que estás pendiente de él o ella. En Mayakin, por ejemplo, organizamos un **"Open house"** e invitamos a nuestros clientes sólo para que conozcan la propiedad y tomen una copa de vino. También en ocasiones apoyamos a algún albergue de animales o de ancianos, e invitamos a participar a nuestros clientes. Es importante ser creativos con este aspecto, pues es algo que funciona muy bien para generar relaciones.

....

4. Pide su opinión.

Haz una encuesta postventa o haz una llamada para preguntar cómo fue su experiencia con el asesor o asesora que le atendió. De esta retroalimentación puedes obtener grandes ideas para mejorar y aplicar con futuros clientes, así como ofrecer a quien te de la retro que vas a trabajar en ello para cuando vuelvas a servirle.

Finalmente, son sólo algunas de las cosas que aplicamos en Mayakin Experiencias Inmobiliarias y nos funcionan. Pero, como ya mencioné muchas veces, la creatividad y la innovación juegan un rol importantísimo en el éxito que puedes tener con tu trabajo.

Conclusiones

La intermediación inmobiliaria es una profesión maravillosa y compleja de realizar, pero muy disfrutable si haces un buen trabajo. Creo fielmente que este libro te va a dar las bases para tener éxito a medida que te apegues a las ideas y las hagas tuyas para que sigan en desarrollo. Recuerda que esto es lo que ha funcionado en Mayakin Experiencias Inmobiliarias y también a muchos otros colegas; el proceso que plantea el estándar de competencia EC01101.02 para la comercialización de Bienes Inmuebles **(NOTA: probablemente cuando se publique este libro ya estará vigente la EC01101.02, por unos ajustes de la NOM 247 que apenas entre en vigor, pero las ideas compartidas son 100% vigentes y te diría que la mayoría de ellas son atemporales)** es algo que ya ha sido analizado y validado por muchos expertos. Las estrategias comerciales y las ideas propuestas tienen base en mi experiencia y los conocimientos adquiridos en libros, cursos, podcast, entre otras fuentes de capacitación que busco consumir todo el tiempo.

Espero que desarrolles la disciplina necesaria para construir esta profesión y ejercerla con las mejores capacidades. Te invito a que no dejes de esforzarte por mejorar, con la promesa de que comercializar propiedades te puede generar muy buenos ingresos a medida que hagas tu parte.

Te deseo mucho éxito, estoy a tus órdenes para lo que pueda ayudarte en tu carrera, así como para hacer negocios ganar-ganar en conjunto. Si después de leer el libro te quedas con algo y lo pones en práctica, por favor no dejes de compartirme tus resultados o cualquier retroalimentación que puedas ofrecer sobre el proceso.

¡Contáctame por correo o por redes sociales!

· **LinkedIn - Iván Cervera**
· **Instagram - @ivancerveralopez**
· **Facebook - Iván Cervera**

¡Me va a dar mucho gusto leerte e intercambiar ideas o conocimientos por ahí!

LMNI. Iván Cervera López, MBA.
Director de Mayakin Experiencias Inmobiliarias
Ivan.cervera.lopez@mayakinexp.com.mx

Agradezco a:

AMPI Mérida, por siempre estar dispuestos a colaborar y compartir sus conocimientos conmigo.

Al equipo MAYAKIN EXPERIENCIAS INMOBILIARIAS por sus esfuerzos para ser la mejor empresa de comercialización inmobiliaria en Yucatán. En especial a Cinthya por hacer suyo el proyecto y poner su magia con el diseño. Sigamos generando riqueza para todxs.

A Caro, tu involucramiento al final de este proyecto fue determinante para que se lograra el objetivo.

A Karla que me motivó infinitamente para volver una realidad la idea del libro.

VII-XX-XV-XXV-XXVII-VI-XIII-XIV

A Pamela por siempre hacer equipo conmigo.

Y a mí, por estar dispuesto a luchar las batallas que me tocan para ser mejor de manera integral. Escribir este libro fue afrontar un reto más, que me deja muy satisfecho.